Schirner
Verlag

SUSANNE HÜHN

Loslassen und der Schöpferkraft vertrauen

Es gibt Lösungen,
die nur darauf warten,
aktiv zu werden

Schirner Verlag

ISBN 978-3-8434-5173-4

Susanne Hühn:
Loslassen und der
Schöpferkraft vertrauen
Es gibt Lösungen, die nur darauf
warten, aktiv zu werden

Umschlag: Anke Müller, Schirner,
unter Verwendung von Bildern
von www.shutterstock.com,
siehe Bildnachweis
Layout: Anke Müller, Schirner
Lektorat: Claudia Simon, Schirner
Printed by: Ren Medien GmbH,
Germany

www.schirner.com

1. Auflage November 2018

Inhalt

Vorwort

Liebe Leserin, lieber Leser, inneren Frieden finden, weil du losgelassen und dich einem größeren Ganzen anvertraut hast – klingt das nicht wundervoll? Aber wie? Und was genau sollst du loslassen? Wie wäre es mit Kontrolle? Vermeidung? Angst? Wie wäre es damit: Du lässt die althergebrachte Weise los, mit der du bisher dein Leben fest im Griff hattest, und probierst etwas Neues aus?

Ich möchte dir ein Geheimnis verraten: Es gibt ein Ritual, mit dem du jedes Thema verändern kannst, du brauchst es nur anzuwenden. »Willst du mir etwa das Zaubern beibringen?«, fragst du. »Hab ich schon versucht, nutzt nichts.« Bis jetzt nicht, weil du deine dir innewohnende Magie noch gar nicht kennst. Da gibt es einen Anteil in dir, der wahrhaft Wunder vollbringen kann.

Weißt du, woraus deine Zauberkraft besteht? Aus drei Komponenten. Die erste ist dein authentisches, wahres Fühlen. Zu fühlen, was du wirklich fühlst, ist eine große Herausforderung, nicht wahr? Keine Sorge, ich begleite dich. Die zweite Komponente deiner Drei-Komponenten-Supermagie ist dein Wille. Das, was du wirklich willst, nicht das, was du dir erlaubst zu wollen. Die rohe, ungezügelte Kraft deines Willens, die meine ich. Die dritte Komponente birgt ein magisches Geheimnis, das nur auf der Erde und nur in dieser Daseinsform existiert. Es ist eine so heilige Kraft, dass man sich nur wundern kann, wie sorglos die meisten Menschen damit umgehen. Du wirst sie kennenlernen, und das wird dein Leben verändern. Es ist deine Tatkraft. Die wilde, reine Kraft, mit der du Dinge bewegst. Die Kraft, die eine Ursache setzt und damit eine Kausalkette bewirkt. Ist dir bewusst, wie kostbar deine Tatkraft ist, wie unersetzlich?

Aus diesen Komponenten erschaffen wir den magischen Schlüssel, mit dem du eine bislang fest verschlossene Tür ganz leicht öffnen kannst. Das magische Schloss ist das Leben selbst. Das Ritual basiert auf einem bekannten und von vielen Menschen bereits sehr erfolgreich genutzten Gesetz:

Deine Lebensenergie folgt deiner wahren,
meist unbewussten Absicht.

Was heißt das? Du ziehst immer das an, worauf du deine Aufmerksamkeit lenkst, besonders aber das, worauf du deine Handlungen ausrichtest – sei es hilfreich oder nicht. Wenn du also in einem Bereich deines Lebens wie erstarrt bist, mutlos oder einfach nicht weiterweißt, dann kreisen deine Gedanken um dein Problem. Du bist handlungsunfähig, und damit ist deine Schöpferkraft lahmgelegt. Du weißt keine Lösung, obwohl du schon so oft nachgedacht und auch so viel ausprobiert hast. Du hast so lange an dir gearbeitet (oder noch nie), du hast schon alles getan oder stehst gerade am Anfang einer Lösungsfindung – doch eines hast du vielleicht noch nicht probiert: die Kontrolle loslassen. Wirklich loslassen, meine ich. Voller Vertrauen, dass sich die Lebenskraft um die Lösung deiner Aufgaben kümmern wird.

Warum sie das tun sollte? Weil jede Aufgabe nur eine Frage an das Leben ist. Für dich ist es ein Riesenproblem, vielleicht gar ein deine Existenz bedrohendes. Für das Leben selbst ist es nur eine Möglichkeit, Evolution zu spielen und Dinge zu verändern. Wie du diese Kraft der Evolution, der Veränderung, für dich nutzen kannst, zeige ich dir.

Als Erstes stelle ich dir eine Frage: Was raubt dir den Frieden? Sind es viele kleine Angelegenheiten, ist es eine große Sache, ein Mangel, eine innere Einstellung, dein Gewicht?

Schreibe es hier auf:

Was mich wirklich nervt, ist

....

Und mich nervt auch

....

Super. Na, wie war das? Einfach aufzuschreiben, was IST, kann schon ein wenig befreien. Du bist jetzt zu einer sehr wichtigen Erkenntnis gekommen, du weißt nämlich, was du NICHT willst.

Möchtest du etwas Neues ausprobieren? Anstatt dich weiter um dein Problem oder deine Sorgen zu kümmern, aktivierst du in den nächsten Schritten die Lösung. Allein das

Wissen darum, dass du etwas dazu beitragen kannst, verleiht dir schon wieder Mut und Zuversicht, oder?

Oftmals findest du einfach deshalb keinen Ausweg, weil du nicht das ganze Bild siehst, sondern nur einen bestimmten Ausschnitt – du steckst fest. Und oft genug findest du keine Lösung, weil es sie noch gar nicht gibt. Sie entsteht erst, wenn du darauf bestehst. Du bist nun einmal Schöpfer, und wenn du eine Lösung für ein Problem brauchst, dann wird dir das Leben eine anbieten. Das tut es immer.

Wenn du entscheidest, dass das Leben durch ein zielgerichtetes Ritual von deinem Problem Kenntnis bekommt, aktivierst du auf einmal völlig neue Möglichkeiten, die so noch nicht existierten oder fern deiner Vorstellungskraft waren. Du eröffnest dem Leben durch das Ritual neue Wege, du verlässt die innere Sackgasse, dein Problem löst sich, und du bekommst auch noch einen Bonus: Du lernst eine Menge über deine Schöpferkraft.

Habe ich dich neugierig gemacht? Willst du das Ritual gleich ausprobieren? Nutze den Raum in diesem Büchlein, oder besorge dir etwas zum Schreiben. Ja klar, jetzt, wann denn sonst?

Hast du es bequem? Nimm dir nun eine Stunde Zeit, in der wir uns gemeinsam um deine Sorgen kümmern, damit sie endlich verschwinden können.

Suche dir jetzt aus den Themen, die dir den Frieden rauben, eines aus, um das wir uns heute kümmern. Du kannst sie alle nacheinander angehen, aber nicht auf einmal. Warum, das verstehst du gleich. Schreibe jetzt, auf der Stelle, auf, was du gern anders hättest, auch und gerade dann, wenn du nicht weißt, WIE du es ändern sollst. Wüsstest du es, hättest du es ja schon längst getan. Also, in welchen Bereichen deines Lebens brauchst du mehr Geld, Erfüllung, Kraft, Gesundheit, Liebe, Fülle, Ordnung, Frieden oder auch einfach nur eine Entscheidung?

Das raubt mir den inneren Frieden:

....

....

....

Doch, doch, schreibe es ruhig auf. Du brauchst nicht positiv zu denken, hier geht es um das, was dich bedrückt. Allein das Aufschreiben setzt schon einen heilsamen Loslassprozess in Gang. Sei ehrlich, zensiere dich

nicht, sei kühn und ungezähmt, und schreibe auf, was du anders haben willst. Den Jetzt-Zustand – beschreibe ihn. Was passt dir nicht?

Was immer es ist, ob du Geldsorgen hast, du einen Lebenspartner suchst, dir einen Hund anschaffen möchtest, dich zwischen zwei Möglichkeiten hin- und hergerissen fühlst oder du eine Kündigung erhalten hast, es wird Zeit, dich dem Leben anzuvertrauen – gereinigt, geklärt, zuversichtlich.

Die Evolution ist nichts anderes als eine Fülle von gelösten Problemen. Eine Welt, die es schafft, auch noch in den lebensfeindlichsten Gebieten der Erde blühendes Leben entstehen zu lassen, die sich immer wieder erneuert und für jede, wirklich jede Schwierigkeit einen Ausweg entwickelt, diese Welt wird auch dir helfen. Das Leben selbst findet die Lösung, weil es sich immer wieder einen Weg bahnt, sich immer wieder neu organisiert. Was dir also fehlt, ist schlicht die Kraft des Lebens.

Sei zuversichtlich, und atme auf. Das Leben hat schon weitaus Größeres gemeistert. Damit will ich dir keinesfalls die Dringlichkeit deiner Sorgen absprechen, sondern dir zeigen, dass das Leben mit seinem Einfallsreichtum Lösungen finden wird, an die du nicht im Traum gedacht hättest. Und das Genialste, das, worauf du dich verlassen kannst, ist: Das Leben organisiert sich selbst immer wieder neu, und zwar auf spannendste, magische Weise. Du kannst nur gewinnen, wenn du deine ungeklärten Angelegenheiten dem Leben und seiner Zauberkraft überlässt!

Schritt 1: Das Gefühl

Jetzt wird es ernst, wir gehen ans Eingemachte. Was fühlst du, wenn du an dein Thema denkst, an das, was dich daran hindert, in Frieden mit dir und dem Leben zu sein? Was ist positiv, was ist negativ? Bist du ärgerlich, voller Groll, ängstlich, wütend? Nimm dir Zeit, und vollende die folgenden Sätze:

Ich fühle

....

Sei ehrlich! Sei wild! Was fühlst du?

Ich fühle

....

Ich fühle

....

Ich fühle

....

Könntest du es noch kraftvoller ausdrücken, noch echter, noch einfacher? Und ja, »Ich fühle mich zum Kotzen« ist eine qualifizierte Aussage. Benenne das Gefühl in deiner Sprache, so, dass du es wirklich fühlst.

Sehr gut. Was noch? Was fühlst du noch? Fühlst du auch etwas Positives? Und was musst du eigentlich NICHT fühlen, weil du dieses Thema hast? Was ich damit meine? Nun, du bist zum Beispiel unglücklich mit deinem Gewicht, glaube mir, das kenne ich. Zu dick oder zu dünn zu sein, bietet eine super Ausrede dafür, in anderen Lebensbereichen (Partnerschaft, Erfolg im Beruf usw.) erst gar nicht beginnen zu müssen. Und so

brauchst du dich nicht mit deiner Angst vor dem Scheitern auseinanderzusetzen, habe ich recht?

Was ich nicht fühlen muss, ist

....

Was ich nicht fühlen muss, ist

....

Wenn du deine Gefühle zunächst nicht wahrnehmen kannst – was gut sein kann, weil sie vielleicht wehtun und du sie verdrängst –, was denkst du denn, was du fühlst? Was könnte man denn fühlen in einer Situation wie deiner? Schreibe das mithilfe des Satzbeginnes »Ich fühle« auf, dann erkennst du beim Schreiben rasch, ob es stimmt. Stimmt es nicht, streiche den Satz wieder durch. Nimm dir 10–20 Minuten Zeit. Warum so lange? Weil die wahren Gefühle, die, die hinter den Schleiern der Selbstverleugnung und der Schmerzvermeidung liegen, erst nach und nach zutage treten.

Ich fühle

....

Du fühlst gar nichts, du denkst nur? Ich helfe dir.

Nutze die Übung mit dem leeren Stuhl aus der Gestalttherapie. Die geht ganz einfach:

Stelle zwei Stühle einander gegenüber. Der eine Stuhl ist deiner, auf den anderen setzt du in Gedanken das, was du wirklich in Bezug auf dein Thema fühlst.

Nimm dir etwas zum Schreiben, und setze dich damit zunächst auf deinen Platz. Wie geht es dir hier? Schreibe alles auf, was dir durch den Kopf geht, sogar dann, wenn du die Übung blöd findest. Das ist nur die Schmerzvermeidung, die dich in der alten Spur halten will, das ist ihr Job, das darf und soll sie, sie schützt dich. Sie ist nur im Moment nicht sonderlich hilfreich. Also mache weiter: Wie geht es dir hier auf diesem Platz?

Und jetzt wechsle den Standpunkt. Setze dich auf den Stuhl dir gegenüber, den, der deine wahren Gefühle verkörpert. Hier kann es gefühlsmäßig rundgehen. Vielleicht erstarrst du auch oder willst flüchten. Schreibe es einfach auf, alles darf sein, wie es ist, wir machen nur eine Bestandsaufnahme. Eine emotionale Inventur.

Ich fühle

....

Ich fühle

....

Meistens unterdrücken Menschen ihre Gefühle und winken innerlich ab, wenn es darum geht, sich mit ihnen zu befassen. »Ach komm, es hat ja sowieso keinen Sinn«, sagen sie oft und verhindern damit, dass die Schöpferkraft des Lebens eingreift. Verstehst du? Du brauchst nicht zu wissen, auf welche Weise sich dein Problem lösen wird. Du brauchst nur zu erlauben, dass es sich löst.

Habe keine Angst vor dem, was du fühlst. Ginge es dir mit diesem Thema gut, bräuchtest du ja das Ritual nicht.

Es geht um deine emotionale Wahrheit, um das, was du tatsächlich fühlst, nicht um das, was du deiner Meinung nach fühlen solltest.

Und jetzt bringen wir Magie ins Spiel.

Kennst du den größten Saboteur in dir, aber auch die stärkste Zauberkraft? Es ist dein Inneres Kind. Hat es Angst vor etwas, dann kannst du im Außen machen, was du willst. Ein Teil in dir wird ein erfolgreiches Ergebnis blockieren. Willst du aber etwas unbedingt, dann kann sich nichts und niemand der Lebendigkeit deines Inneren Kindes entgegenstellen.

Deshalb meine Frage: Was fühlt dein Inneres Kind in Bezug auf dieses Thema? Vielleicht fühlst du wirklich einfach gar nichts, aber spürst, dass dein Körper reagiert: Du bekommst Magenschmerzen oder Atemnot, du musst husten oder wirst müde – dann schreibe diese Reaktion auf. Alles, was du spürst und wahrnimmst, wenn du an dein Thema denkst, sei es emotional oder körperlich, darfst du dem Büchlein anvertrauen.

Mein Inneres Kind fühlt

....

Mein Inneres Kind fühlt

....

Mein Inneres Kind fühlt

....

Mein Inneres Kind fühlt

....

Probiere nun noch einmal die Übung mit dem leeren Stuhl:

Du sitzt auf dem einen Stuhl, dein Inneres Kind sitzt dir gegenüber, auch wenn du es noch gar nicht kennst. Schaue zu deinem Inneren Kind hin: Was fühlt dein Inneres Kind in Bezug auf dein Thema, was meinst du?

Schreibe es auf:

Mein Inneres Kind könnte fühlen

....

Und jetzt vollziehst du einen großen Schritt: Setze dich auf den Platz des Inneren Kindes, egal, ob du noch nie zuvor etwas von ihm gehört hast oder es gut kennst und oft mit ihm unterwegs bist. Was hat dein Inneres Kind in Bezug auf dein Thema zu sagen, was fühlt es?

Du wünschst dir einen Partner? Dein Inneres Kind hat vielleicht Angst, verletzt oder verlassen zu werden. Du willst mehr Geld verdienen? Dein Inneres Kind befürchtet womöglich, dass du dann noch mehr arbeiten und noch weniger Zeit für es haben wirst.

Dein Inneres Kind denkt und fühlt kindlich, und es hat kindliche Bedürfnisse. Seine Bedürfnisse sind dazu da, dein Leben zu erleichtern und dich gesund zu halten, denn das Kind in dir ist dein ursprünglichster, wildester und emotionalster Anteil.

Du willst einen Hund, du vermisst ein Haustier? Dein Inneres Kind jubelt sicherlich, es kann sich kaum halten – oder es hat riesige Angst vor dem Tier.

Schreibe es hier auf – unzensiert, unhinterfragt, echt:

Mein Inneres Kind fühlt

....

Und dann stelle dir vor, du BIST das Kind. Was fühlst du? Hat das Thema überhaupt mit dir zu tun? Was würde sich für dich ändern, wenn in diesem Lebensbereich Frieden herrschen würde? Wäre das positiv oder negativ für dich? Müsstest du etwas loslassen, etwas aufgeben?

Manchmal will das Innere Kind an einer Verletzung festhalten, weil es sich nicht gesehen fühlt. Es zieht immer wieder die gleichen Themen in dein Leben, damit es endlich mit seinen Gefühlen wahrgenommen wird. Es kann also sehr schmerzhaft sein, genauer hinzuschauen.

Was fühlst du? Welches Gefühl will endlich gespürt und anerkannt werden? Das kann geradezu eine therapeutische Sitzung werden, sei auf alles gefasst. Suche dir Hilfe, wenn du nicht weiterkommst, zum Beispiel eine Freundin, die sich statt deiner auf den Platz des Inneren Kindes setzt und die alles ausspricht, was dir verboten wurde.

Stehe dann auf, und setze dich noch einmal auf den Platz des Erwachsenen. Ist dir einiges klar geworden?

Die meisten Menschen erkennen erst, wenn sie sie aufschreiben, wie weitreichend sich die ungeklärten Themen tatsächlich auf ihr Leben auswirken, wie viel sie ihnen tatsächlich ausmachen. Jetzt können die Selbstheilungskräfte und die dir innewohnende Schöpferkraft eingreifen. Denn jetzt erkennt dein System, dass du tatsächlich ein Problem hast.

Weißt du was? Das hast du großartig gemacht. Du warst ehrlich, authentisch, mutig. Sehr, sehr gut. Und weiter geht es.

Schritt 2: Der Wille

Wenn du an dein Thema denkst, an das, was dir den Frieden raubt, stellt sich eine Frage: Was willst du denn stattdessen? Was willst du? Schnell, ganz ehrlich, direkt und unverschämt, spirituell eventuell völlig unkorrekt: Was willst du?

Ich will

....

Doch, doch, das darfst du wollen, was noch?

Ich will

....

Ich will

....

Ich will

....

Spannend, oder? Was noch?

Ich will

»Ich will, ich will«, sagst du. »Das wird doch eh nichts, nerv mich nicht, Susanne!« Doch! Das tue ich, das ist hier meine Aufgabe. Wenn ich als Kind »Ich will« sagte, dann bekam ich zur Antwort: »Ich will auch viel.« Super, oder? Sehr hilfreich. Gut, daraus ist meine Arbeit mit dem Inneren Kind entstanden, insofern bin ich also sehr dankbar. Denn ich traute mich gar nicht mehr, irgendetwas zu wollen. Ich kam mir sofort irgendwie unverschämt und anmaßend vor. Solange Kinder in Afrika verhungerten, durfte ich nichts wollen. Ist das nicht ein einziger Quatsch? Und doch GLAUBTE es ein Teil von mir! Schreibe also unbedingt auf, was du willst, auch wenn du einen inneren Widerstand fühlst. Sonst kannst du dein Leben nicht gestalten, denn wie sollst du deine Handlungen ausrichten, wenn du kein Ziel hast?

Ich will

Ist das nicht erfrischend?

Angenommen, du fühlst dich an deinem Arbeitsplatz nicht mehr wohl, dann könnte hier Folgendes stehen:

Ich will …

- genug Geld haben, damit ich gar nicht mehr arbeiten muss.
- endlich das machen, was ich machen will.
- weniger arbeiten.
- eine Arbeit ausüben, die mir wirklich Spaß macht.
- andere Kollegen haben.
- endlich Anerkennung von meinem Chef.
- nicht mehr in diesem furchtbaren Büro sitzen.
- Urlaub.

Manchmal verändern sich die Ziele total, wenn du aufschreibst, was du willst, weil du erkennst, worum es dir wirklich geht.

Wozu dient das Aufschreiben? Je ehrlicher du bist, desto größer ist die Kraft, die freigesetzt wird. Hier geht es besonders um die verborgenen Wünsche, um das, was du bislang vielleicht selbst noch nicht wusstest.

Probiere folgende Übung aus, wenn du magst:

Nimm zwei Stühle, und stelle sie einander gegenüber. Der eine ist für dich selbst, so, wie du bist. Auf den anderen setzt du in Gedanken deine Wahrheit in Bezug auf deine Angelegenheit.

Nimm auf deinem Stuhl Platz, und schreibe auf, wie du dich fühlst, wenn du zu dem Platz der Wahrheit dir gegenüber schaust. Stelle dem Platz deiner Wahrheit Fragen, wenn du willst.

Dann setze dich auf den anderen Stuhl, und nimm die Informationen dieses Platzes wahr. Du bist jetzt in Kontakt mit deiner Wahrheit zu einer bestimmten Angelegenheit. Sie fühlt sich bestimmt anders an als erwartet, weitaus weniger dramatisch, dafür sehr viel klarer. Schreibe auch hier alles auf, was du wahrnimmst. Vielleicht hat der Platz der Wahrheit einen Auftrag für dich, vielleicht nicht.

Nutze diese Übung immer, wenn du in Bezug auf das, was du wirklich willst, unsicher bist. Wenn du das nicht allein kannst, dann bitte einen vertrauten Menschen, den Platz der Wahrheit einzunehmen. Lasse deine aufgepeitschten Emotionen für einen Moment ruhen, und höre dir an, was dein System nüchtern und klar zu einer Angelegenheit zu sagen hat.

Ich will

....

Und ich will

....

Alles, was du willst, hat verschiedene Aspekte. Wenn es nun einen Aspekt gibt, den du selbst nicht gutheißt, selbst wenn er dir gar nicht bewusst ist, dann erlaubt dein Unterbewusstsein die Lösung deines Problems nicht. So einfach ist das. Etwas in dir blockiert, weil du in einen zentralen Konflikt gerätst.

Ein Beispiel? Ganz einfach:

Ich will mehr Geld für meine Kurse verlangen, damit ich weniger arbeiten muss. Ich will alle Menschen erreichen und für alle da sein. Ich kann aber nicht beides zugleich haben. Verstehst du den Konflikt?

Eine sehr gute Bekannte erzählte mir vor einiger Zeit, sie sei hin- und hergerissen. Sie hatte eine Angestellte, die sie sehr mochte, die aber im Laden leider so unordentlich war, dass sie ihr eigentlich hätte kündigen müssen. Bei dem Gedanken an eine Kündigung aber ging es meiner Bekannten ziemlich schlecht, denn sie wollte der Mitarbeiterin, die beinahe wie eine Freundin für sie war, nicht kündigen.

Was sollte sie tun? Gespräche mit der Mitarbeiterin brachten nichts, denn diese hörte zwar zu, änderte aber nichts und wurde manchmal unangenehm und aufsässig. Irgendwann wurde die Situation so unerträglich, dass meine Bekannte ihren eigenen Laden nicht mehr betreten wollte. Wäre sie ganz sicher gewesen, dass eine Kündigung das Richtige gewesen wäre, dann hätte sie sie ausgesprochen, aber darum ging es nicht. Sie wusste es tatsächlich nicht. Auf die Frage »Was willst du?« antwortete sie: »Ich will einfach Klarheit, ich will mich nicht mehr hin- und hergerissen fühlen, ich will wissen, was ich tun soll!«

Du brauchst – und das ist eine gute Nachricht – keine Lösung zu wissen. All deine verschiedenen »Ich will«s dürfen nebeneinanderstehen und sich sogar gegenseitig ausschließen. Du musst nicht einmal daran glauben, dass deine tiefsten Sehnsüchte in Erfüllung gehen könnten.

Du darfst alles wollen, was du eben willst!

Verwende nun die Übung mit dem leeren Stuhl wieder für dein Inneres Kind. Was will dein Inneres Kind? Mache dir die Mühe, du wirst überrascht sein. Die emotionale Wucht und die Lebendigkeit des Inneren Kindes sind dein größter Vorrat an Zauberkraft. Nutze diesen Schatz!

Mein Inneres Kind will weder die Preise der Kurse erhöhen noch alle Menschen erreichen. Es will unbeschwert leben und viel Zeit mit den Tieren verbringen. Es hat keinen Konflikt. Es weißt genau, was es will. Weil es nicht um die Frage »Aber wie soll ich …?« geht, sondern um das, was ich wirklich will, hat der Satz »Ich will viel mehr Zeit mit meinen Tieren verbringen« Durchschlagskraft, denn das stimmt einfach.

Mein Inneres Kind will

....

Stelle dir vor, du bist dieses Kind. Was willst du? Traue dich, sage es laut, die oder der Große wird es für dich aufschreiben. Ja, gern auch mit Buntstiften. Oder willst du es lieber malen?

Ich will

....

Du könntest mit deinem Inneren Kind zusammen eine Collage mit all dem erstellen, was ihr beide wollt, wie wäre es denn damit? Bleibt aber bei dem Thema, um das es im Moment geht, verzettelt euch nicht.

Wie willst du dich eigentlich fühlen? Friedlich, erfüllt, glücklich, innerlich ruhig, reich?

Schreibe es hier auf – ehrlich, wild und unzensiert. Das ist dein privates Buch.

Ich will

....

Ich will

....

Ganz besonders wichtig ist das, was du dir auf keinen Fall erlauben würdest, wäre es dir voll bewusst. Die gefährlichen Wünsche, die, die dich in Schwierigkeiten bringen könnten. Denn was wäre, wenn »Ich will in Wahrheit allein wohnen« (also vielleicht sogar die Familie verlassen) oder »Ich will in Wahrheit diesen Job aufgeben« auftauchen würde? Oder »Ich will trotz meiner festen Beziehung Sex mit einem anderen Menschen, diesem verheirateten Mann/jener gebundenen Frau haben«?

Lasse dir also Zeit. Die wichtigsten Punkte liegen meistens verborgen in einer besonderen Herzkammer.

Ich will

....

Wenn ich mich trauen würde, dann würde ich wollen

....

Mein kühnster Wunsch (immer in Bezug auf das Thema, um das es gerade geht) wäre

....

Der absurdeste, am weitesten hergeholte Wunsch ist

....

Es ist ein mutiger Schritt, all deine Beweggründe zu Papier zu bringen. Nimm das wahr. Das hast du großartig gemacht.

Hast du alles? Und du warst wirklich ehrlich? Gut so. Sehr gut.

Schritt 3: Die rituelle Handlung

Wenn du mit dem Aufschreiben fertig bist, folgt nun der nächste entscheidende Schritt: der Schritt in die Handlung.

Die Frage, die ich dir hier stelle, ist: Was bist du bereit, jeden Tag für die Lösung deines Problems zu tun? »Wenn ich das wüsste, würde ich es ja machen«, sagst du. Ja, aber ich meine ja gar nicht, dass du dein Thema lösen sollst. Es gibt etwas viel Einfacheres: ein Ritual, eine kleine Handlung, die du jeden Tag durchführen kannst. Und das Beste ist: Sie braucht absolut gar nichts mit der Lösung deines Themas zu tun zu haben. Jetzt kommt die Magie der Tatkraft ins Spiel.Und du sagst: »Hä? Nein, wirklich, hab ich das richtig verstanden … HÄ?« (»Wie bitte?«, wenn du wohlerzogen bist, aber du meinst das Gleiche.) Gut so! Ich habe dich verwirrt. Das war meine Absicht.

Ich bin bereit, jeden Tag

....

....

Eben weil du nicht weißt, was du tun kannst, um inneren Frieden zu erlangen, lasse bitte die Kontrolle los, und denke dir einfach etwas aus. Eine kleine Handlung, die du ganz leicht einmal am Tag durchführen kannst. Frage dein Inneres Kind, was es gern einmal am Tag machen will. Wichtig: Die Handlung muss nicht zielführend sein. Kontraproduktiv sollte sie allerdings auch nicht sein. Wenn du 10 Kilo abnehmen willst und bereit bist, dafür jeden Tag eine Tafel Schokolade zu essen, bezweifle ich, dass das Ritual funktioniert – aber probiere es gern aus, und berichte mir davon.

»Und was soll das mit der beliebigen Handlung?«, fragst du zu Recht.

Du zeigst deinem Unterbewusstsein jeden Tag, dass du eine Lösung haben willst. Du kommst damit aus der Opferrolle heraus, ohne in sinnlosen, kontrollierenden Aktionismus zu verfallen.

»Aber dann hab ich doch nicht losgelassen!«, rufst du ein wenig verzweifelt.

Doch. Deinen Versuch, dein Thema entweder vor dir selbst zu vertuschen oder es zu kontrollieren. Du gibst sowohl den Kampf um Frieden als auch den Versuch,

deine Unzufriedenheit zu verdrängen, auf. Deine Sorge liegt offen auf dem Tisch. Du weißt, was du fühlst, und du weißt, was du willst. Damit hast du einen Energieraum geschaffen, eine Art Kokon, in dem sich ein Schmetterling entwickeln darf. Du weißt nicht, was du machen sollst. Damit du aber ETWAS zu tun hast, denkst du dir ein Ritual aus.

Was passiert durch dieses kleine Ritual energetisch? Du signalisierst dem Leben: Ich will eine Lösung, ich glaube an eine Lösung, ich traue dir zu, eine Lösung zu finden. Du hältst den Raum, den du geschaffen hast, den Raum der Lösung, den Raum, in dem deine persönliche Evolution stattfindet, offen und gibst jeden Tag Energie hinein: deine Tatkraft, den Handlungsimpuls, dein Feuer. Du befruchtest das Leben jeden Tag mit dieser

Handlung und gibst dir selbst und deinem Inneren Kind das Gefühl, dich und deine Sorgen ernst zu nehmen. Das kräftezehrende Wechselspiel aus Hoffnungslosigkeit und Anstrengung hört auf, du richtest dich auf Erfolg aus und bestätigst dir diesen Erfolg jeden Tag aufs Neue – und gleichzeitig gibst du dem Leben freie Bahn, diesen Erfolg zu gestalten.

Die meisten Impulse kommen und gehen, bevor das Unterbewusstsein überhaupt darauf reagieren kann. Wenn du innere Unstimmigkeiten nicht ernst nimmst und den Willen zur Lösung nicht bekräftigst, kann deine dir innewohnende Magie nicht in voller Kraft wirken. Stattdessen regiert der Zweifel. Und er gewinnt. Der Zweifel verhindert zuverlässig jede positive Veränderung in deinem Leben, wenn du auf ihn hörst und vor allem, wenn du deine Tatkraft in seinen Dienst stellst.

Durch die tägliche rituelle Handlung stellst du deine Tatkraft in den Dienst der Lösung, ganz bewusst, und das ist magisch. Damit trickst du den Zweifel aus. Er darf da sein, das ist in Ordnung. Und JETZT zündest du die Kerze an oder tust, was auch immer du dir ausgedacht hast. Du bekämpfst den Zweifel nicht, denn du wirst verlieren. Er findet immer noch ein Argument, das darf er auch. Du erkennst ihn an. Und handelst dennoch anders.

Die positive Tat ist immer stärker als der angstvolle Gedanke des Zweifels.

Warum solltest du deine Handlung jeden Tag durchführen? Weil auch ein Zweifel jeden Tag seine Botschaften in dein Ohr flüstert. Du brauchst ein starkes Gegengewicht, einen zuverlässigen Anker.

All deine Absichten, Wünsche, Träume, sogar die großartigen Energien, die du in Meditationen erzeugst, verpuffen, wenn keine Handlung folgt. Denn die Tat ist es, die die Energie erdet. Du wolltest doch irgendwann einmal den Himmel auf die Erde bringen, erinnerst du dich? Das geht nur über eine klare Absicht und eine Handlung.

Schreibe jetzt also auf: »Ich bin bereit, jeden Tag Folgendes zu tun …« Mache dir eine Liste, aber keine Bange, du brauchst nicht alles tun. Lasse deiner Fantasie beim Schreiben freien Lauf, die Tat darf und soll dir Freude bereiten.

Beispiele gefällig?

Ich bin bereit, jeden Tag …

- eine Kerze anzuzünden und sie ein paar Minuten lang brennen zu lassen.
- mir selbst im Spiegel zuzulächeln.
- mir jeden Tag eine Blume zu kaufen oder eine aus dem Garten zu pflücken.
- zwei Liegestütze zu machen.
- bewusst auf eine Zigarette (oder auf Schokolade) zu verzichten.
- einen besonders köstlichen Tee zu trinken.
- ein bisschen spazieren zu gehen.

Und jetzt du. Mache wieder die Übung mit dem leeren Stuhl, und lasse auch dein Inneres Kind zu Wort kommen. Setzte dich einfach auf den Platz des Inneren Kindes, und lasse es frei reden. Was will es jeden Tag machen? Je mehr Spaß dir dein tägliches Ritual schenkt, desto besser wirkt es. Hast du als Kind etwas ganz Besonderes gern getan? Willst du es wieder tun? Zum Beispiel auf einem bestimmten Spielplatz schaukeln?

Könntest du auch jeden Tag eine neue Handlung vollziehen, dich jeden Tag fragen, was du heute tun willst? Natürlich, denn dann besteht dein Ritual daraus, dass du dich jeden Tag fragst, was du heute tun willst.

Schreibe hier auf, was dir Freude bereitet oder Frieden schenkt:

Ich bin bereit, jeden Tag

....

Ich bin bereit, jeden Tag

....

Ich bin bereit, jeden Tag

....

Ich bin bereit, jeden Tag

....

Ich bin bereit, jeden Tag

....

Ich bin bereit, jeden Tag

....

Ich bin bereit, jeden Tag

....

Es ist immer die Tat, die den entscheidenden Unterschied ergibt. Du kannst noch so großartige Pläne haben, wenn du nicht den ersten konkreten Schritt tust, dann werden sie auf der Erde nicht sichtbar und bleiben im Bereich der Wünsche und Träume.

Erfolge, sichtbare Ergebnisse, kommen immer nur über das TUN, und hier ist der Unterschied zwischen Träumern und denen, die ihre Träume leben:

Sie TUN etwas.

Lebt man seine Träume, so bringt man ihre Energie ganz konkret auf die Erde, weil man sie in die Tat umsetzt. Und zwar konstant, so lange, bis sich ein Ergebnis zeigt.

Also schreibe alle möglichen Handlungen auf, auch wenn dir das ein bisschen verrückt vorkommt und du nicht weißt, was das soll – und habe Spaß dabei.

Schritt 4: Die Impulse bündeln

Fertig? Nimm deine Listen zur Hand. Du hast eine Menge über deine Gefühle, deinen Willen und über das, was du bereit bist zu tun, geschrieben. Streiche jetzt alles zusammen, so lange, bis du die allerwichtigsten Punkte gefunden hast. Es kann dir helfen, zunächst die Listen auf drei Punkte zu reduzieren, vielleicht zeigt sich aber bereits jetzt, was wirklich wesentlich ist.

Nimm die »Ich fühle«-Liste. Umkringle das, was besonders viel Kraft hat, egal, ob negativ oder positiv. Der Seele ist es nämlich egal, ob etwas positiv oder negativ ist, die Hauptsache ist, dass es viel Energie hat. Die Seele ist an einem hohen Maß an Lebenskraft interessiert, die Bewertung machen wir auf Erden. Sie spielt auf höheren Ebenen keine Rolle.

Sei wie immer ehrlich. Finde den einen Punkt pro Liste, der am meisten Energie hat, auch wenn er »Ich fühle Angst« lautet. Es geht nur um das Energieniveau, nicht um den Inhalt, vertraue mir. Das ist anders als das, was du kennst, oder? Es ist einfach deine Wahrheit. Es ist alles gut.

Meine Liste, die ich in Bezug auf »Ich arbeite zu viel« geschrieben habe, kürzte ich bei Punkt eins auf »Mein Inneres Kind fühlt Panik« zusammen, weil etwas in mir kurzatmig wurde, als ich daran dachte, so weitermachen zu müssen – auch und gerade weil ich meine Berufung lebe.

Nimm dir dann die zweite Liste vor, die »Ich will«-Liste. Was hat hier am meisten Kraft? »Ich will nicht mehr verletzt werden« ist okay, aber natürlich auch »Ich will mehr Zeit für mich«, »Ich will glücklich sein«, »Ich will zu zweit am Meer sitzen« oder was dir einfällt. Bei mir hatte »Ich will mehr Zeit mit meinen Tieren verbringen« am meisten Energie.

Streiche dann die »Ich bin bereit«-Liste bis auf einen Punkt zusammen, auf den, der dir am meisten Spaß macht oder auch, der am einfachsten durchzuführen ist. Es darf leicht sein, wirklich.

Bei mir war es, jeden Tag eine Minimeditation ohne Absicht durchzuführen, das fällt mir leicht. Es ist für mich ein Genuss, kurz »nach Hause« zu gehen. Es ist genauso ein Genuss, hier wieder anzukommen. Mache, was einfach für dich ist und was du kannst.

Nimm dir Zeit zum Kürzen der Listen, aber nicht zu viel, sonst beginnst du, allzu sehr darüber nachzudenken. Deine Wahrheit sitzt im Herzen und im Bauch. Lasse dich von deinem Innersten leiten, als wüsste die Hand, die den Stift hält, genau, was sie streichen und was sie umkringeln soll. Du wirst erstaunt sein, wie zielsicher deine Hand den Stift führt und genau die Punkte streicht, die zwar wichtig, aber nicht wesentlich sind.

Du hast jetzt ziemlich chaotische Zettel, oder dieses Buch sieht sehr benutzt aus, und das ist gut so. Jetzt und hier, auf den Punkt gebracht:

Was mir den Frieden raubt, ist

....

....

Ich fühle

....

....

Ich will

....

....

Dafür bin ich bereit, jeden Tag

....

....

Merke dir deine tägliche Handlung. Verbrenne jetzt das Blatt mit den wichtigsten Punkten, ja, reiße es heraus. Weg damit! Du willst das Buch nicht kaputt machen? Das verstehe ich, es ist ja auch schön, oder? :) Dann schreibe doch einfach alles auf ein Blatt Papier, und verbrenne es. Es macht nichts, wenn es weiterhin hier drin steht.

Das Verbrennen symbolisiert deine Absicht, loszulassen.

Was heißt »etwas loslassen« eigentlich? Ist es nicht absurd, sich etwas zu wünschen und es dann gleich wieder loszulassen? Nein. Du lässt nicht den Wunsch nach innerem Frieden los, sondern die Kontrolle darüber, wie er sich erfüllt. Du öffnest einen Raum, den du mit Energie füllst, und machst dadurch den Weg frei. Etwas loslassen meint es dem Leben überlassen.

So, wie du den Stromfluss in der Leitung an dessen Wirkung erkennst (die Lampe leuchtet, wenn du sie einschaltest), erkennst du die Schöpferkraft an ihrem Wirken. Sie lässt sich nicht messen. Aber dass sie wirkt, erkennst du immer dann, wenn sich die Dinge auf eine Weise regeln, an die du im Traum nicht gedacht hättest.

Wunder sind geistige Gesetze in Aktion.

Räume nun die Asche weg, und beginne, jeden Tag dein kleines Ritual durchzuführen. Es spielt keine Rolle, wann du es durchführst, die Hauptsache ist, du tust es jeden Tag. Entspanne dich, und sei sicher: Dein Unterbewusstsein weiß, was es tut, und es beginnt bereits in diesem Moment damit, Energie anzuziehen.

Lasse dich von nun an führen.

Je bereitwilliger du dich von nun an von deiner Intuition leiten lässt, desto leichter hat es dein Unterbewusstsein, dich zur richtigen Zeit zum richtigen Ort zu führen und dir die für dich perfekte Lösung zu zeigen. Denn:

Wenn du etwas haben willst,
was du noch nie hattest, musst du etwas tun,
was du noch nie getan hast.

So, das war es. Den Rest wird das Leben selbst erledigen. Führe täglich deine Handlung durch, und freue dich auf das Wunder der Veränderung.

Ach ja. Meine Lösung?

Ich sah auf einmal immer wieder eine Werbeanzeige auf Facebook. Zunächst klickte ich sie weg, dann aber besuchte ich die Webseite, wieder und wieder. Ich haderte. Das, was da angeboten wurde, kostete zehnmal mehr als meine eigenen Kurse, also richtig viel Geld. Und es war ein Coaching. Damit hatte ich bis dahin nur schlechte Erfahrungen gemacht. Ich halte nichts davon, Energien aufzuputschen, ohne das Innere Kind und seine Not anzuerkennen, und ich war in Bezug auf Coachings ein wenig hochmütig – verletzt, um ehrlich zu sein. Ich fühlte mich von Coaches immer an die Wand gedrückt und nicht gesehen, wenn ich mit vielschichtigen Gefühlen ankam. Und doch: Es prickelte und summte, da war eine Kraft drin, die mich magisch anzog. Die Ausbilderin würde sehr tief arbeiten, dessen war ich mir sicher. Außerdem verstand sie etwas von Marketing, auch davon konnte ich nur profitieren. Ich schaute auf die Termine, und siehe da: Es gab noch einen freien Termin, und zwar an genau dem Wochenende, an dem ich selbst auch Zeit hatte. Vier Tage intensive Ausbildung.

Doch nein, ich hatte mir das Wochenende ja frei gehalten, um mehr Zeit für mich zu haben. Wollte ich das meinem Inneren Kind schon wieder wegnehmen? Diese Werbeanzeige kam aber immer wieder, es war wie verhext. Als riefe sie mich. Und natürlich tat sie genau das. Also gab ich nach und schaute auf mein Konto. Zwei Teilnehmerinnen hatten bereits die Gebühr für eine komplette Jahresgruppe überwiesen. Ich konnte mir das Seminar also leisten. Ich buchte. Und war glücklich.

Um was für eine Ausbildung es sich handelte? Pferdegestütztes Coaching bei Franziska Müller. Das mache ich jetzt. Ich bin bei meinen Tieren, muss nicht mehr alles allein machen, und ich bekomme auch noch mehr Geld dafür. Besser geht es doch nicht, oder?

Einen Haken hat das Ganze allerdings: Ich muss einen neuen Stall finden, weil ich da, wo mein Pferd bislang steht, nicht mehr mit meinen Klienten arbeiten darf. Das war mir zum Glück nicht bewusst gewesen, als ich das Seminar buchte, denn wir hatten schon nach Absprache mit der Stallbesitzerin ab und zu eine Sitzung auf dem Pferd gegeben. Es war eine neue Information, die sicher auch damit zu tun hatte, dass der Hofbesitzer sehr krank ist und daher keine Fremden (also meine Klienten) mehr auf den Hof sollen. Ich liebe den Stall, er ist zauberhaft gelegen, ein Offenstall für eine Herde mit zehn Pferden.

Ich haderte natürlich. Als ich mit meiner Freundin und Reitlehrerin, deren Pferde in der gleichen Herde stehen, darüber redete, sagte sie: »Ich will auch viel mehr mit den Pferden arbeiten, und mein Traum ist es, einen eigenen Stall zu pachten. Wann sonst, wenn nicht jetzt? Machen wir es doch einfach.« Wow! Sie hatte schon öfter darüber gesprochen, aber eher ironisch mit den Worten »Wenn ich mal im Lotto gewinne …« Auch Mike, mein Partner, war total begeistert, er wollte schamanische

Arbeit mit Pferden anbieten und hatte diesen Traum im Keim erstickt, als er hörte, dass keine Fremden auf dem Hof erwünscht waren. Er ist in der DDR aufgewachsen, und noch immer steckt ihm das »Es hat sowieso keinen Sinn zu träumen, du kommst hier nicht raus!« in den Knochen. Er wollte schon als Kind immer nach Afrika reisen und wuchs in dem Wissen auf, dass sein Traum nie wahr werden würde. Das prägt nachhaltig, auch wenn er seine Ziele jetzt nach und nach erreicht.

Aus der Vision wurde ein Plan. Eine weitere Stallkollegin schloss sich uns an, und schon waren wir inklusive Partner sechs Erwachsene und sechs Pferde, die sich zusammen selbstständig machen wollten. Wir alle brannten für das, was wir wollten, und machten uns auf die Suche. Am gleichen Tag noch bekam meine Freundin die Nachricht, dass es einen Stall gab, der zu verpachten war. Jetzt laufen die Verhandlungen. Ich weiß heute noch nicht, ob das klappt, aber wenn nicht, dann wird es ein anderer Stall werden. Die Türen öffnen sich, dessen bin ich mir vollkommen sicher, weil sich damit für uns alle ein Lebenstraum erfüllt.

Wie geht es dir jetzt? Wie fühlst du dich? Konnte ich dich ermutigen und dir ein Ritual an die Hand geben, mit dem du dein Leben neu gestalten kannst? Das würde mich von Herzen freuen. Ich habe dieses Ritual mit sehr vielen Menschen durchgeführt. Im Folgenden habe ich die Fragen zusammengestellt, die oft kamen.

Häufig gestellte Fragen

Was kann ich tun, wenn ich nicht weiß, was ich will?

Die Frage »Was will ich?« bringt viele Menschen wirklich in Schwierigkeiten – die meisten wissen eher, was sie NICHT wollen.

Mache dir eine Liste, und schreibe zunächst auf, was du nicht mehr fühlen willst, welche Situationen du nicht mehr erleben möchtest. Dann streiche die Punkte nacheinander durch, und schreibe dahinter, was du stattdessen willst. Das kann ziemlich schwierig sein, bleibe dran.

Hier ein paar Beispiele, wie deine Liste aussehen kann. Lasse dich nicht verwirren, diese Sätze beziehen sich auf verschiedene Themen. Kümmere dich jeweils nur um eines.

Was ich nicht mehr will, ist …	Ich will …
♥ Geldsorgen haben.	♥ finanziell frei und unabhängig sein.
♥ Ärger im Beruf.	♥ mich an meinem Arbeitsplatz wohl- und anerkannt fühlen.
♥ ein schmerzender Rücken.	♥ einen gesunden, starken und schmerzfreien Rücken haben.
♥ einsame Sonntage, weil ich allein lebe.	♥ schöne Sonntagsspaziergänge mit einem Partner machen, den ich liebe.
♥ mir Sorgen um meine Kinder machen.	♥ beruhigt und vertrauensvoll an meine Kinder denken.
♥ mich schlecht fühlen.	♥ mich gut fühlen.

Was aber ist, wenn die Lösung auf sich warten lässt?

Das kann passieren. Das Leben muss die Lösung erst entwickeln und die Bedingungen dafür schaffen, gerade dann, wenn andere Menschen involviert sind. Du selbst bist vielleicht so weit. Was aber, wenn dein Seelenpartner erst noch einige Angelegenheiten zu regeln hat? Was, wenn dein »Stall« noch gar nicht existiert, sondern sich gerade jetzt jemand aufmacht, in zu bauen?

Eine Anmerkung muss ich machen, und zwar in Bezug auf den Seelenpartner. Gerade gestern erzählte mir eine Bekannte, sie hätte ihren Seelenpartner kennengelernt, er sei aber verheiratet und hätte zwei Kinder. Ich fragte sie, ob er sie auch als seine Seelenpartnerin wahrnähme.

Sie verneinte und sagte, dass er bei seiner Familie bleiben wolle. Sie sei aber sicher, dass er eines Tages erkennen würde, dass sie beide zusammengehören. Puh. Vorsicht. Da fallen mir gleich fünf Gründe ein, warum es keine gute Idee ist, auf ihn zu warten. Lege dich nicht auf eine konkrete Person fest, wenn du in einem Lebensbereich inneren Frieden erlangen willst. Dein Glück hängt nicht von einem bestimmten Menschen ab, sondern davon, dass du in einem bestimmten Lebensbereich erfüllt bist.

Darf ich dir zu deiner Frage noch zwei Gegenfragen stellen? Glaubst du, dass du erfüllt und zufrieden leben kannst? Oder hast du einen inneren Saboteur?

Sei gnädig mit ihm. Er will dich nur warnen. Wenn du wie die meisten Menschen schlechte Erfahrungen gemacht hast, dann werden diese Erfahrungen in einem speziellen Gehirnbereich gespeichert, dem sogenannten Mandelkern. Das Besondere am Mandelkern ist, dass er sich deinem bewussten Denken entzieht. Du kannst also noch so viel positiv denken und dich geistig immer wieder davon zu überzeugen versuchen, dass du alles Gute verdient hast – dein Mandelkern sagt etwas anderes, und er ist stärker als dein bewusster Wille. Aber das macht nichts. Denn dafür hast du die tägliche Handlung – die ist noch stärker.

Gestern habe ich mit einer Bekannten gesprochen, die meinte, sie würde sich so gern selbstständig machen, habe aber Angst. Sie müsse erst alles tun, damit diese Angst verschwindet, ob ich nicht einen Tipp für sie hätte. Ja, für solche Situationen habe ich einen Tipp:

Vergiss die Angst, und fange einfach an!

Wenn du wartest, bis du keine Zweifel mehr hast, wenn du glaubst, erst hundertprozentig sicher sein zu müssen, dann wirst du den ersten Schritt nie gehen können. Auch ein Schmetterling ist noch nicht fertig, wenn er den Kokon verlässt, er ist verletzlich wie nie, denn seine Flügel müssen erst aushärten. Besser wird es vielleicht nicht. Lasse dich vernünftig beraten, und erkenne deine Möglichkeiten. Lasse dich dabei nicht lähmen und ausbremsen. Zweifler gibt es viele, und sie alle haben recht. Ja, es stimmt, du könntest auf die Nase fallen, verletzt werden oder Geld verlieren. Tue es dennoch, wenn du spürst, dass dein Weg sonst in eine

Sackgasse führt. Weißt du was? Nicht im Frieden bist du schon. Mache etwas Neues. Natürlich gibt es einen richtigen Zeitpunkt. Der hat aber nichts damit zu tun, dass du keine Angst mehr hast, sondern mit Zeitqualitäten und äußeren Umständen, vor allem, wenn andere Menschen Teil des Planes sind.

Durch deine Handlung hältst du den Raum der Veränderung offen und gibst täglich positive Kraft hinein. Alles, was dein Unterbewusstsein braucht, um aktiv zu werden, ist deine Bereitschaft, Veränderungen zum Guten für möglich zu halten. Du brauchst nicht daran zu glauben. Halte es nur für möglich. Wenn selbst das noch zu viel ist, dann erinnere dich daran, dass du nicht alles weißt. Wie auch immer deine Erfahrungen gewesen sein mögen, das Leben findet immer wieder neue Wege, dich zur Erfüllung zu führen.

Das Ritual spiegelt ein geistiges Gesetz wider, und als solches kann es gar nicht anders, als wirksam zu sein. Wann immer du deinen Zweifel bemerkst, hilft der Satz:

Mein Leben darf sich zum Guten wenden.

Du brauchst nicht zu wissen, wie. Du brauchst es nicht einmal »verdient« zu haben. Du darfst es einfach erlauben. Und mehr gibt es nicht zu tun.

Stimmt das? Nicht ganz. Und das spürst du auch, da bleibt dieser kleine Zweifel. Du hast recht. Wenn du in einem Lebensbereich einem anderen oder dir selbst Unrecht getan hast, dann weiß das dein Unterbewusstsein. Egal, wie sehr du dich auch herauszureden versuchst. Und dann wird es dich blockieren. Es kann sein, dass du erst eine Art Wiedergutmachung leisten oder eine Handlung, die dich oder andere schädigt, aufgeben musst, bevor du dir selbst Gutes zugestehst. Durch dein tägliches Ritual wird sich dein Leben verändern. Es wird dir alles aufzeigen, was dich an der Erfüllung deines Zieles und dem Erreichen inneren Friedens hindert.

Gehe dem nach. Tue, was immer in dir nach Handlung drängt. Zahle das Geld zurück – in Miniraten, wenn es nicht anders geht. Bitte um Vergebung, höre auf, dich zu schädigen. Dann wirst du auch dir selbst Gutes zugestehen, da bin ich mir vollkommen sicher.

Wenn ich bei dem Ritual etwas durchgestrichen habe, heißt das dann, ich fühle oder will es nicht mehr?

Es geht beim Durchstreichen nur um die innere Ausrichtung, um das klare Erkennen dessen, was wesentlich ist. Selbstverständlich ist alles, was du aufgeschrieben hast, wichtig. Du fühlst und willst all das. Stelle dir eine Zielscheibe vor. Sie hat viele Ringe, äußere und innere. Durch das Streichen verlagerst du die Aufmerksamkeit immer weiter ins Zentrum, von außen nach innen. Die Punkte, die ganz am Ende noch auf deiner Liste stehen, haben die höchste energetische Ladung. Hier bündelt sich dein Thema, und deshalb wirkt hier die stärkste schöpferische Kraft.

Eine Klientin schrieb Folgendes: »Der Wunsch, den du als Ausgangspunkt festlegst, ist wie ein Pfeil. Den lässt du los, sobald du ›Ich will‹ sagst. Das ist, als ob du die Zielgerade einrichtest und dein Ziel im Visier hast. Sobald du das Ganze gemacht hast, ist der Wunsch unterwegs im Universum. Die tägliche Handlung generiert das Feld, das den Manifestationsprozess mit Handlungsenergie versorgt, somit bringst du das Wollen und das Tun in diesem Feld zusammen. So, als ob du den Pfeil loslässt, aber darauf vertraust, dass er in das Ziel trifft. Dein Gefühl gibt dem Pfeil die Kraft, der Wille ist die Spannung des Bogens.«

Manchmal bemerkt man selbst erst in dem Moment, in dem man es aufschreibt, worum es in Wahrheit geht, und allein das setzt einen Prozess in Gang.

Was passiert, wenn ich das Ritual nicht täglich durchführe?

Meine Gegenfrage ist: Warum führst du das Ritual nicht täglich durch? Und die Antwort zeigt auch schon, was passiert. Wenn du das Ritual vergisst, dann fällt die aufgebaute Energie in sich zusammen. Sie lässt sich natürlich wieder aktivieren, und gleichzeitig signalisierst du dir selbst, dass du bereit bist, dich immer wieder stören und ablenken zu lassen. Das macht nichts. Wenn du das Ritual zwischendurch immer wieder vergisst, dauert es eben länger, bis sich echte Veränderungen zeigen – außer, du hältst die Energie auf andere Weise durch Taten hoch. Vergisst du das Ritual nämlich, weil du dich sowieso längst um echte Lösungen kümmerst, dann dienst du auf andere Weise der Erfüllung deines Wunsches nach innerem Frieden. Angenommen, du machst dir Sorgen um deine Tochter, weil diese depressiv und drogengefährdet ist. Du führst dein Ritual durch – und auf einmal ist deine Tochter bereit, eine Therapie zu machen. Du schaust nun nach einem Therapieplatz, hast Arzttermine, suchst die Drogenberatung auf, besuchst Selbsthilfegruppen für Eltern von drogengefährdeten Jugendlichen – du hast keine Zeit mehr für dein Ritual. Dann macht es nichts, denn nun kümmerst du dich ja direkt um die Lösung.

Lässt du dich immer wieder ablenken, ohne dass sich Lösungen zeigen, so enthält das Ritual vielleicht eine wichtige Nachricht für dich: Lerne, dich zu konzentrieren, und bleibe dran! Durchhaltevermögen ist eine wesentliche Eigenschaft, wenn du ein Ziel erreichen willst. Es verschafft dir tiefen Frieden, wenn du weißt, dass du dich auf dich selbst verlassen kannst, weil du nicht aufgibst. Und vielleicht geht es auch nur darum: Vertraue dem Prozess.

Dazu ein Bericht, wie das Ritual wirkt, selbst wenn man es gar nicht durchführt:

»Ich hörte von diesem Ritual, als ich meine erste, heiß geliebte Katze verlor (sie starb an einer Krankheit) und ich am gleichen Tag von meinem Arzt erfuhr, dass ich allergisch gegen Katzen bin und besser keine mehr halten sollte. Ich leide an Asthma, und es stimmt: Ich bin oft schweratmig geworden, wenn mir meine Sissy zu nahe gekommen ist, aber ich habe gut damit leben können. Ich habe einfach ein bisschen Abstand gehalten, dann war es okay. Ich hatte aber Sorge, dass ich auf eine andere Katze noch allergischer reagieren könnte, keine Luft mehr bekommen würde, mehr Asthmaanfälle durchstehen müsste. Ich hörte also von dem Ritual und entschied, dass ich endlich von dem Asthma befreit werden wollte, um eine Katze haben zu können.

Doch irgendwie kam ich tagelang nicht dazu, das Ritual durchzuführen. Jedes Mal, wenn ich daran dachte, zog sich mein Hals zusammen. Eines Abends setzte ich mich dann doch hin, nahm mir Zeit und einen Stift und wollte beginnen. Es ging nicht, ich war wie vernagelt, völlig blockiert. Dabei war es doch meine größte Sorge, keine Katze haben zu können, ich wusste nicht, warum ich das Ritual nicht durchführen konnte.

Auf einmal begann ich zu weinen, und mir wurde alles klar. Es war mein Herzenswunsch, aber ich war gewohnt, dass sich meine Herzenswünsche sowieso nicht erfüllten. Das, was ich am meisten liebte, wurde mir entweder rasch wieder genommen, oder ich bekam es von vornherein nicht. Das kannte ich zu gut aus meiner Kindheit, meine Eltern ließen sich scheiden, ich musste sehr früh das Loslassen üben, und ich glaube, ich kann es bis heute nicht.

Wenn man zu früh etwas gehen lassen muss, obwohl man es dringend braucht, lernt man nur, dass das Leben sehr schmerzhaft ist und einem niemals das beschert, was man braucht. Loslassen lernt man so mit Sicherheit nicht, eher klammert man sich an allem fest, was einem begegnet, selbst dann, wenn es gar nicht gut für einen ist. Mir wurde bewusst, dass sich dieses Denkmuster durch mein ganzes Leben zog. Egal, ob es um einen Job, einen Mann, ein Tier oder ein Kind ging, ich bekam niemals das, was ich mir wirklich wünschte, war aber dennoch nicht bereit, den Wunsch, den Mann oder den Job gehen zu lassen. Ich hielt es nicht einmal für möglich, Herzenswünsche erfüllt zu bekommen. Ich glaubte voll und ganz an den Spruch: ›Das ist zu schön, um wahr zu sein.‹ Wenn ich mir etwas als sehr schön vorstellte, dann konnte es gar nicht geschehen. Ich wünschte mir unterdessen lieber das Zweitbeste, an das Beste traute ich mich gar nicht mehr heran, so schmerzlich war die Erfahrung, es ohnehin nicht zu bekommen. Dieses Muster war wie ein Fluch. Meine erste Katze war mir zugelaufen, aber ich durfte mich nicht lange an ihr erfreuen, denn sie war bereits krank, als ich sie bei mir aufnahm.

Ich erinnerte mich an jenem Abend an all die Situationen, in denen sich meine Herzenswünsche nicht erfüllt hatten, und dann wurde mir auf einmal alles klar. Ich bekam zwar immer alles Mögliche, aber nie das, was ich wirklich wollte. Das, was ich wirklich wollte, geschah ohnehin nicht, nämlich dass sich meine Eltern versöhnten. Der Wunsch eines Kindes, natürlich, aber ich hatte ihn nie losgelassen, ich hatte nie wirklich akzeptiert, dass wir nie wieder eine Familie bilden würden. So hatte sich in mir eine riesige Wut auf das Leben und sicher auch auf Gott angestaut. Wenn ich an etwas hing, verlor ich es gleich wieder, ich durfte es nicht haben, das Leben enthielt es mir vor.

Ich weinte viel an diesem Abend. Ich musste mich mit dem Schmerz und der Angst auseinandersetzen, niemals das zu bekommen und behalten zu dürfen, was ich liebte, was mir Wärme und Geborgenheit schenkte. Und ich musste endgültig einsehen, dass sich meine Eltern nicht wieder versöhnen würden, dass mein Vater nie wieder zurückkommen würde. Ich war über fünfzig Jahre alt, und es wurde vielleicht langsam Zeit, das zu tun. Aber dazu musste mir erst einmal bewusst werden, dass das kleine Kind in mir noch immer auf ein Wunder hoffte, wie gebannt noch immer auf die Tür starrte, durch die mein Vater die Wohnung verlassen hatte und nie wieder zurückgekommen war.

Gleichzeitig wurde mir klar, dass die Allergie in meinem Leben mit dem Thema ›Nähe zulassen‹ in Verbindung stand. Ich spürte, dass ich meine erste Katze nicht richtig an mich heranlassen konnte, weil ich dann Asthmabeschwerden bekam. Ich hatte also, was ich wollte, aber mein Körper sorgte dafür, dass ich es nicht richtig annehmen konnte.

Auf einmal entschied ich, dass damit nun Schluss sein durfte. Es war mir auf einmal egal, welche Tabletten ich nehmen und wie viel Spray ich verwenden musste, und ich war sogar bereit, ein paar Jahre meines Lebens herzugeben, aber ich würde mit Sicherheit nicht mehr auf etwas verzichten, was mir so sehr am Herzen lag wie eine Katze. Es ging dabei weniger um die Katze als darum, dem Leben nicht mehr zu erlauben, mich mit dem Zweit- oder Drittbesten abzuspeisen. Ich war bereit, den Preis zu zahlen, den es kostete, meine Herzenswünsche wahr werden zu lassen. Wenn das Leben einen Preis forderte, nun, dann sollte es ihn haben. Ich würde mir meine Wünsche nicht mehr versagen, zumindest nicht die, um die ich mich selbst kümmern konnte. Ich war nun erwachsen, vieles konnte ich mir selbst erfüllen.

Ich entschied mich, eine Familienaufstellung zu machen und mir die Angelegenheit mit meinem Vater anzuschauen, ihm und mir einen guten Platz zu geben, wie ich das schon öfter gehört hatte. Das Ritual führte ich aber auch an diesem Abend nicht durch. Ich schaute mich einfach am nächsten Tag nach einem Kätzchen um und nahm eines, in das ich mich sofort verliebte, zu mir. Es war mir egal, ob ich allergisch reagieren würde oder nicht, ich wollte mir noch nicht einmal mehr wünschen, nicht mehr allergisch zu sein – es war mir einfach vollkommen gleichgültig. Ich würde tun, was nötig war, wenn ich meine Asthmaanfälle bekäme. Ich machte meine Familienaufstellung, verstand eine Menge, weinte viel und fühle mich nun eingebunden in einen großen Kraftstrom. Das Ritual habe ich bis heute nicht durchgeführt. Ich habe trotzdem keinen einzigen Asthmaanfall mehr gehabt …«

Wie oft kann ich das Ritual anwenden?

So oft du willst. Sinnvoller ist allerdings, es einmal durchzuführen und dann jeden Tag die rituelle Handlung auszuüben, bis sie Wirkung zeigt. Das kann Stunden, Tage, aber auch Wochen oder Monate dauern, je nachdem, welche Chance du der Veränderung gibst und wer alles beteiligt ist. Manchmal braucht es eine Weile, denn es gibt vielleicht noch Energiebarrieren, die ausgeräumt werden müssen. Manchmal stehen wir uns sogar selbst im Weg, und das Leben muss uns erst mehr oder weniger sanft zur Seite schieben.

Sollte ich vor dem Ritual meditieren?

Kannst du, musst du aber nicht. Es ist sicher hilfreich, dich ein bisschen zu entspannen, weil du dich dann besser konzentrieren kannst. Wenn du oft meditierst und dich damit wohlfühlst, dann mache das. Wenn du aber so weit von innerer Ruhe entfernt bist, dass dich Meditieren nervt, dann lasse es einfach. Fange an, schreibe diese Listen. Kürze sie, verbrenne den Zettel, und vollziehe deine tägliche Handlung. Auch davor brauchst du nicht zu meditieren. Halte es einfach.

Soll ich die tägliche Handlung immer auf die gleiche Weise durchführen?

Der Sinn eines Rituals ist es, Energie zu bündeln und die Aufmerksamkeit auf ein bestimmtes Thema oder nach innen zu richten. Wenn es dir hilft, die tägliche Handlung immer gleich durchzuführen, mache das, wenn es dadurch aber kompliziert wird, mache es so, wie es sich ergibt.

Ist es wichtig, dass die Handlung äußerlich sichtbar ist?

Nein, es geht um die Absicht, um das zielgerichtete Handeln. Auch jeden Tag eine kleine Meditation durchzuführen, ist eine Handlung. Nur daran zu denken, reicht allerdings nicht, du musst es schon tun.

Wirkt das Ritual auch bei materiellen Sorgen?

Aber selbstverständlich. Materielle Sorgen sind nicht schwieriger zu lösen als andere, denn letztlich ist alles Energie.

Was kann ich tun, wenn ich sehr viele Sorgen habe?

Du hast so viele Sorgen, dass du gar nicht mehr weißt, wo dir der Kopf steht? Dann schreibe alle deine Kümmernisse auf, es wird sowieso Zeit, dass dir einmal jemand zuhört, oder? Das Papier hört dir zu.

Wenn du damit fertig bist, heißt es: Das Wichtigste zuerst. Heute kümmerst du dich um deine Hauptsorge, um das, was dir am dringlichsten erscheint. Suche also aus der Liste jene Sorge heraus, die vielleicht einen Schlüssel darstellt oder die dich am meisten drückt, und führe das Ritual in Bezug auf dieses Thema durch.

Das ist zu viel, zu schwer? Machen wir es anders. Worum kannst du dich heute kümmern? Welche Angelegenheit braucht vielleicht gar kein Ritual, sondern eine echte, zielgerichtete Handlung? Einen Anruf, einen Gang zur Bank, eine Kündigung? Besser wird es vielleicht nicht. Vielleicht ist heute der Tag, an dem du das für dich tun kannst, was dir sonst nicht möglich ist. Bete. Bitte um Hilfe. Rufe dir ein Krafttier, das dich unterstützt. Gehe zur Schuldnerberatung oder in eine Selbsthilfegruppe. Das beschriebene Ritual hilft, doch es ist keine Ersatzhandlung. Nutze es nicht, um dich vor etwas, was schon lange ansteht, zu drücken oder es aufzugeben. Suche dir Hilfe dabei, du musst nicht alles allein machen.

Es ist fast immer Scham, die dich davon abhält, dich um deine Angelegenheiten so zu kümmern, dass sie sich klären. Stelle dir einmal vor, in dir lebt ein sehr ängst-

liches Kind. Meinst du, dieses Kind kann deine Angelegenheiten in Ordnung bringen? Sei sicher, dass es das die ganze Zeit versucht, weil es gar nicht weiß, dass es da auch einen Erwachsenen* in dir gibt.

Vergiss einmal das Ritual. Machen wir etwas anderes:

Nimm dir zwei Stühle, und stelle sie einander gegenüber. Auf dem einen sitzt du, auf dem anderen stellst du dir den kompetentesten und vernünftigsten inneren Anteil vor, den du nur hast: deinen inneren Erwachsenen. Nun sprich noch einmal deutlich deine Sorgen aus, jammere ruhig ein wenig. Ein wenig, hörst du? Setze dich jetzt auf den Platz des inneren Erwachsenen dir gegenüber. Hier sind die Lösungen. Wenn du jetzt auch noch jammerst, dann sitzt du nicht auf dem Platz des Erwachsenen. Stelle dir vor, in dir gäbe es ein Kind. Bringe es an einen sicheren Ort in dir, damit du im Außen deine Angelegenheiten ordnen kannst. Wie geht es dir damit?

Stehe nun auf, nimm die Kraft des inneren Erwachsenen, und gehe deine Themen an. Jetzt. Das schaffst du. Und morgen machst du das Gleiche. So lange, bis sich deine Angelegenheiten geklärt haben.

* Wie du diesen inneren Erwachsenen in dir entwickeln kannst, das zeige ich dir in meinem Buch »Der innere Erwachsene – Ein Begleiter für Selbstbewusstsein, Selbstbestimmung und innere Stärke«, Schirner Verlag 2018.

Manchmal braucht man Vernunft, Tatkraft und eine innere Scheißegal-Haltung in Bezug auf das, was andere denken. Stelle dich den Themen, die dich umtreiben, aktiviere den inneren Erwachsenen, und löse das Problem. Doch, das kannst du. Du schon, das Kind in dir nicht. Aber das muss es auch nicht.

Und jetzt sei stolz auf dich. Das Wichtigste hast du bereits erledigt.

Kann ich das Ritual auch für andere machen?

Ja und nein. Wenn das Verhalten eines anderen Unfrieden in dir stiftet, dann ist es ja deine Sorge, und du kannst durch das Ritual Abhilfe schaffen. Das heißt nicht, dass sich das Verhalten des anderen ändert. Es wäre schön, aber jeder hat nun einmal seinen freien Willen, selbst wenn er sich und anderen damit schadet. Aber bestimmt kannst du anders mit dem Verhalten des anderen umgehen. Du erlangst Klarheit, kannst dich besser abgrenzen oder findest auf andere Weise Hilfe.

Kann man ein Ritual für ein gemeinsames Problem auch gemeinsam durchführen?

Aber selbstverständlich, das ist eine wundervolle Idee! Schreibt eure Listen gemeinsam, redet darüber – beim Kürzen der Listen werdet ihr sicherlich bemerken, dass ihr unterschiedliche emotionale Ladungen zu verschiedenen Themen habt. Spannend, oder? Natürlich gelten dann beide Sätze: Je zweimal »Ich fühle …«, »Ich will …«, und: »Ich bin bereit, jeden Tag … « Verbrennt den einen gemeinsamen oder die beiden letzten Zettel. Vielleicht findet ihr eine Handlung, die ihr zusammen durchführen wollt, oder jeder handelt für sich. Alles ist möglich.

Hier ist ein Beispiel, wie das Ritual wirken kann:

»Ich leite seit vielen Jahren ein Unternehmen und konnte mich bis jetzt immer auf meine Mitarbeiter verlassen – bis auf eine Angestellte, die ich als sehr unordentlich empfand. Ich hatte ihr unzählige Mal gesagt, wie ich mein Unternehmen geführt wissen wollte, aber sie hatte schnippisch und trotzig reagiert. Kündigen wollte ich ihr damals nicht, denn die Arbeit selbst erledigte sie sehr gut, außerdem mochte ich sie auf der persönlichen Ebene wirklich gern. Ich räumte im Laden hinter ihr her, rückte die Waren zurecht, begann, sie zu kontrollieren,

und ich wurde immer wütender. Ich konnte aber nichts sagen, denn ich wusste selbst, dass ich im Grunde ein bisschen übertrieb. Ich hatte jedoch tatsächlich Sorge, mein Laden könnte langsam verwahrlosen, zumindest seine besondere ästhetische Wirkung verlieren. Eine Kündigung schien immer unumgänglicher zu werden.

Im letzten Moment, ich hatte die Kündigung schon geschrieben, aber noch nicht ausgesprochen, lernte ich das Ritual kennen. Da ich wirklich nicht weiterwusste und bei dem Gedanken an die Kündigung regelrecht Kopfschmerzen bekam – denn, wie gesagt, die Arbeit selbst erledigte meine Mitarbeiterin sehr gut –, war ich offen für jede Art von Unterstützung. Ich setzte mich also hin und überlegte, was ich fühlte, was ich wollte und was ich bereit war, dafür zu tun.

Am Ende stand auf dem Papier:

Ich fühle Wut.

Ich will Frieden.

Dafür bin ich bereit, jeden Tag eine Kerze anzuzünden.

Ich verbrannte den Zettel und begann, das Ritual durchzuführen. Die Kündigung legte ich zunächst beiseite, denn ich wollte der Sache noch diese eine Chance geben.

Schon ein paar Tage später spürte ich, dass ich weitaus gelassener und entspannter reagieren konnte. Ich erkannte wieder, wie wertvoll die Arbeit meiner Mitarbeiterin war, auch wenn die Art, wie sie sie ausführte, noch immer nicht zu meiner vollen Zufriedenheit war. Mein innerer Kampf gegen meine Angestellte hörte auf, ich war ruhig und konnte sie wieder für das loben, was sie an Gewinn brachte. Der Widerstand endete – und

tatsächlich: Das, was ich mir am sehnlichsten wünschte, nämlich Frieden, kehrte nach und nach ein. Es war ein langsamer Wandel, nichts Aufregendes passierte, es gab einfach einen sanften Wechsel zum Guten. Sie wurde ordentlicher, fragte mich nun öfter, wie ich bestimmte Dinge gern erledigt haben wollte, während ich über einiges hinwegsah und ihre Qualitäten wieder zu schätzen begann.

Der Trick ist, den Wunsch wirklich ernst zu nehmen und dann loszulassen. Egal, wie die Lösung ausfallen würde, auch wenn ich ihr kündigen müsste, ich wusste auf einmal, es wird gut. Und so ist es nun auch gut.«

Du kannst und du brauchst vorher nicht zu wissen, welche Lösung dir das Leben anbieten wird. Du kannst dir aber einer Sache gewiss sein: Es wird Ergebnisse liefern. Das tut es immer, es kann gar nicht anders. Die Schöpferkraft nimmt jede Herausforderung an, kein Thema kann zu groß oder zu schwierig sein, dass ihr nicht noch etwas dazu einfällt.

Nachwort

Liebe Leserin, lieber Leser, hast du es ausprobiert? Konnte dir das Ritual Frieden und Gelassenheit verschaffen? Konntest du deine sorgenvollen Angelegenheiten los- und sie einer größeren Kraft überlassen? Das würde mich sehr freuen.

Es ist nur ein Ritual, nur eine Möglichkeit, Zeit zu verbringen. Aber wie jedes Ritual ist es eine Methode, die inneren Kräfte zu fokussieren, sie auf einen Punkt zu richten, sich über das klar zu werden, was man wirklich will und braucht, und dafür zu sorgen, dass es, auf welche Weise auch immer, eintritt. Du wirst zum Schöpfer deines eigenen Lebens, wenn du Rituale durchführst, egal, ob dieses oder andere. Du erlaubst damit

deiner Tatkraft, deiner Begeisterung, deinen Gefühlen und deinem Willen, bewusst und zielgerichtet wirksam zu werden. Schon das allein ändert die Weise, wie du dein Leben wahrnimmst, es holt dich aus der Opferrolle heraus und führt dich in das Reich des selbstbestimmten Tuns. Sind wir nicht angetreten, um den Himmel auf die Erde zu bringen? Dein Leben ist das dir zugewiesene Stück Himmel auf Erden. Wir können gemeinsam das Paradies erschaffen, jeder verwirklicht nur seinen eigenen kleinen Teil, und am Ende haben wir es zusammen geschafft.

So traue dich, deine Sorgen und deren Erlösung ernst zu nehmen, bleibe dran. Lasse die Vermeidung von Angst und Enttäuschung nicht zu deiner Handlungsgrundlage werden, bitte um Kraft, und mache dich erneut auf den Weg – auch wenn es schwerfällt. Aber diejenigen, die ihn gehen, werden am Ende immer belohnt. Am Ende wirst du wissen, wofür du dich starkgemacht hast, am Ende wirst du wissen, dass du dein Leben, egal, wie erfolgreich du warst, wirklich gelebt hast. Wenn wir die Verantwortung für unser Glück und unseren inneren

Frieden tatsächlich tragen, bekommen wir die Kraft, mit Enttäuschungen umzugehen, gleich mitgeliefert. Ganz besonders aber bekommen wir die Kraft, immer wieder aufzustehen, es noch einmal zu probieren, nicht aufzugeben, uns selbst treu zu bleiben – das zu tun, was wir selbst tun können. Und du weißt: Wenn du dem Leben einen Schritt entgegengehst, kommt es 1 000 Schritte auf dich zu.

Hier noch ein Ritual zur Erschaffung von innerem Frieden, ein ganz einfaches:

Besorge dir ein Stück Stoff, ca. 1,5 x 1,5 Meter groß, eine runde Tischdecke oder einen kleinen runden Teppich. Lege diesen Stoff an einen ungestörten Platz in deiner Wohnung, und erkläre diesen Ort nun zum Platz deines inneren Friedens. Lege dir ein kleines Medizinrad, wenn du das kannst, oder schmücke die Ränder des Stoffes mit Kraftgegenständen. Das ist deine Oase des inneren Friedens. Rufe, wenn du an Engel glaubst, den Engel des Friedens an diesen Ort, und bitte ihn, dich mit Kraft aufzuladen. Rufe die Kräfte der Erde oder was auch immer für dich stimmig ist. Du erschaffst damit ganz bewusst eine Ruheoase. Natürlich kannst du auch richtig Aufwand betreiben und dir im Garten einen Ort der Ruhe abstecken, Blumen drum herum pflanzen und

Rosenquarze oder Kristalle auslegen. Mache dir Mühe, oder halte es einfach – erschaffe dir deinen Platz des inneren Friedens. Wann immer du aufgeregt, ängstlich oder voller Groll bist, setze dich mit deinem Thema auf diesen Platz, nimm dir etwas zu schreiben, und lausche, was die innere Haltung des Friedens für Lösungen anbietet.

Erschaffe dein Stück Frieden auf Erden,
so, wie ich meines erschaffe.
Die Welt braucht uns.

Und hier eine letzte Leserstimme:

»Bei mir ist der Groschen gefallen. Ein Aha folgt dem anderen. Ich lasse alles in mir zu, ohne mich zu bewerten. Vielleicht ist dies jetzt auch der Moment für dich, zu erkennen, dass du doch besser, größer, weiter etc. bist, als man dir sagte und du es glaubst?«

Friede deinem Weg
deine Susanne

Über die Autorin

Susanne Hühn ist ausgebildete Lebensberaterin, ganzheitliche Physiotherapeutin und erfolgreiche Autorin spiritueller Selbsthilfebücher. Seit 1986 begleitet sie Menschen auf deren Weg zur Gesundung. Ihre mittlerweile in großer Zahl veröffentlichten Sachbücher und CDs gehören zu den Bestsellern des Schirner Verlags. Ihr Wissen vermittelt sie zudem in Vorträgen und Seminaren im In- und Ausland sowie in zahlreichen Online-Seminaren.

www.susannehuehn.de

Noch mehr lebensbejahende Impulse von Susanne Hühn

Schirner Verlag

Susanne Hühn
Stell dir doch vor, was du willst
Warum auch negative Gedanken ihren Platz haben

144 Seiten
ISBN: 978-3-8434-1239-1

Wer positiv denkt, zieht Positives in sein Leben. Das klingt leicht, aber wer schafft es schon, die ganze Zeit über gute Gedanken zu haben?

Susanne Hühn nimmt Ihnen den Druck, immer positiv denken zu müssen, und schenkt Ihnen die Freiheit, Ihren Gedanken – positiven wie negativen – Raum zu geben. Dadurch können Sie sich Ihren eigenen Bedürfnissen liebevoll zuwenden. Aus dieser bedingungslosen, angstfreien und mitfühlenden Hinwendung zu sich selbst heraus leben Sie Ihre volle Schöpferkraft.

Susanne Hühn

Was kann ich schon tun?

Wenn uns das Leid anderer überwältigt. Wege aus der Ohnmacht

112 Seiten

ISBN: 978-3-8434-5137-6

Wir alle kommen auf die eine oder andere Weise mit dem Leid anderer in Kontakt. Viele von uns fühlen sich dann traurig und hilflos, werden wütend, erstarren geradezu oder wenden sich resigniert ab. Wenn wir aber in solchen Situationen wegschauen, vergessen wir, dass wir Schöpfer sind.

Susanne Hühn zeigt uns, wie wir aus der ohnmächtigen Zuschauerrolle wieder in unser kraftvolles Schöpfersein wechseln können. Zahlreiche Übungen und Meditationen unterstützen uns dabei, für uns selbst und auch für andere Leid, Angst und Unfrieden in Liebe, Vergebung, Harmonie, Gesundheit und Freude zu verwandeln.

Danke für deine REZENSION

– Gemeinsam sind wir mehr –

Liebe Leserin, lieber Leser,

von Herzen danken wir dir, dass du dieses Buch in den Händen hältst und es bis zum Ende gelesen hast. Das bedeutet uns, dem Schirner Verlag und seinen Autoren, sehr viel. Aus voller Überzeugung und mit Hingabe widmen wir uns seit vielen Jahren Themen, die unser aller Lebensqualität und Bewusstwerdung dienlich sind, und hoffen, einen Beitrag für eine lichtvollere Welt leisten zu können. Wenn dir unsere Arbeit gefällt, möchten wir dich bitten, dir einige Minuten Zeit zu nehmen, um dieses Buch zu rezensieren. Warum? Die meisten Menschen lesen Rezensionen, bevor sie ein Buch kaufen, da sie hierdurch einen Eindruck bekommen, ob und wie der Inhalt des Buches den Leser erreicht hat. Eine kurze Rezension ist dabei ebenso hilfreich wie eine lange, sehr ausführliche. Um es auf den Punkt zu bringen:

Eine Rezension ist heutzutage die beste Werbung für ein Autorenwerk!

Wenn du den Schirner Verlag und seine Autoren neben dem Buchkauf auch anderweitig unterstützen willst, dann bitten wir dich: Schreibe für jedes Werk eine Rezension – am besten auf der Seite, wo du es gekauft hast, und zusätzlich beim Schirner Verlag und bei Amazon. Das wäre nicht nur eine Wertschätzung für die Autoren, sondern kann dazu beitragen, dass die Verkaufszahlen steigen und der Schirner Verlag auch in herausfordernden Zeiten Bestand hat.

WIE SCHREIBT MAN EINE REZENSION?

Grundsätzlich sollte eine Rezension aus der eigenen, subjektiven Sicht geschrieben werden, da es sich um eine persönliche Meinung handelt. Du kannst in zwei Sätzen deine Gedanken zu dem Buch äußern oder eine längere Rezension verfassen. Falls du nicht weißt, wie du beginnen sollst, hier ein paar Anregungen:

- War das Buch leicht verständlich geschrieben? Wie hat dir die Sprache gefallen? Wie empfandest du die Aufteilung der verschiedenen Themen?
- War es unterhaltsam? War es deiner Meinung nach mit Herzblut und Liebe geschrieben? Wie hat es auf dich gewirkt?
- Hat es dein Herz berührt? Konntest du dich wiederfinden?
- War es tief greifend genug? Hast du viel Neues gelernt?
- Hat es gehalten, was der Titel und die Buchbeschreibung versprochen haben? Hat es deine Erwartungen erfüllt?
- Was macht das Buch besonders? Warum sticht es heraus im Vergleich zu anderen Büchern, die ein ähnliches Thema behandeln?
- Würdest du das Buch weiterempfehlen oder verschenken?

Dankeschön

lesen, fliegen, landen
Schirner Verlag

Bildnachweis

www.shutterstock.com:

Umschlag:
678720445 (© LedyX), # 228085795 (© Neti.OneLove), # 52080001 (© ilolab), # 440497282 (© Supa Chan), # 776573647 (© Julia August), # 777131440 (© LightField Studios) und # 1024595896 (© VolodymyrSanych)

Innenseiten:
S. 1–96: bunter Hintergrund oben links # 440497282 (© Supa Chan); bunter Hintergrund unten rechts # 777131440 (© LightField Studios); gelber Hintergrund oben rechts # 52080001 (© ilolab); rosa Hintergrund # 1024595896 (© VolodymyrSanych); Linie mit Herzen # 382453264 (© Elmiral); Linie mit Punkten # 228085795 (© Neti.OneLove); drei Herzen über Hervorhebung und Herz bei Aufzählungen # 548073046 (© mhatzapa); bunte Herzen # 776573647 (© Julia August); bunte Schmetterlinge # 164422343 (© Magnia)
S. 6: # 208660591 (© Patrick Foto); S. 9: # 481854337 (© Maxim Blinkov); S. 10: # 627562694 (© Watchara Ritjan); S. 13: # 552329416 (© marina shin); S. 16: # 453635980 (© PopTika); S. 18: # 124423144 (© Africa Studio); S. 20: # 392151763 (© Romrodphoto); S. 22/23: # 334157306 (© Nina Buday); S. 24: # 156507815 (© Dubova); S. 27: # 465764627 (© Nina Buday); S. 28: # 381212347 (© pim pic); S. 30: # 1006781095 (© Kenishirotie); S. 32: # 243781504 (© Tatyana Vyc); S. 35: # 339633185 (© Yuliya Evstratenko); S. 36: # 269634248 (© Maya Kruchankova); S. 38: # 776073313 (© Flystock); S. 41: # 534324238 (© aprilante); S. 42/43: # 1061985551 (© Peera_stockfoto); S. 45: # 1023970567 (© Watchara Ritjan); S. 46/47: Blüten # 262241501 (© Angie Makes); S. 47: Borte # 548073046 (© mhatzapa); S. 48: # 534093808 (© Olesia Bilkei); S. 51: # 667257760 (© A3pfamily); S. 53: # 285703772 (© Tuzemka); S. 54: # 159914684 (© Gergely Zsolnai); S. 56: # 678302509 (© Anna Ok); S. 57: # 1064674274 (© Evgeny Bakharev); S. 58: # 678720445 (© LedyX); S. 60: # 127184117 (© Dark Moon Pictures); S. 62: # 663267004 (© Evgeny Atamanenko); S. 65: # 697573000 (© Yuganov Konstantin); S. 66: # 533706409 (© Africa Studio); S. 68: # 321398660 (© altafulla); S. 69: # 1096786322 (© Jenny Sturm); S. 70: # 377083897 (© iravgustin); S. 72: # 322637792 (© Belite); S. 73: # 418506799 (© Erlo Brown); S. 74: # 742554955 (© Alones); S. 76: # 644177908 (© Olga Danylenko); S. 79: # 396815578 (© George Rudy); S. 80: # 475936270 (© PopTika); S. 82: # 437793589 (© pittawut); S. 85: # 258028616 (© nadtytok); S. 6: # 208660591 (© Patrick Foto); S. 9: # 481854337 (© Maxim Blinkov); S. 10: # 627562694 (© Watchara Ritjan); S. 13: # 552329416 (© marina shin); S. 16: # 453635980 (© PopTika); S. 18: # 124423144 (© Africa Studio); S. 20: # 392151763 (© Romrodphoto); S. 22/23: # 334157306 (© Nina Buday); S. 24: # 156507815 (© Dubova); S. 27: # 465764627 (© Nina Buday); S. 28: # 381212347 (© pim pic); S. 30: # 1006781095 (© Kenishirotie); S. 32: # 243781504 (© Tatyana Vyc); S. 35: # 339633185 (© Yuliya Evstratenko); S. 36: # 269634248 (© Maya Kruchankova); S. 38: # 776073313 (© Flystock); S. 41: # 534324238 (© aprilante); S. 42/43: # 1061985551 (© Peera_stockfoto); S. 45: # 1023970567 (© Watchara Ritjan); S. 48: # 534093808 (© Olesia Bilkei); S. 51: # 667257760 (© A3pfamily); S. 53: # 285703772 (© Tuzemka); S. 54: # 159914684 (© Gergely Zsolnai); S. 56: # 678302509 (© Anna Ok); S. 57: # 1064674274 (© Evgeny Bakharev); S. 58: # 678720445 (© LedyX); S. 60: # 127184117 (© Dark Moon Pictures); S. 62: # 663267004 (© Evgeny Atamanenko); S. 65: # 697573000 (© Yuganov Konstantin); S. 66: # 533706409 (© Africa Studio); S. 68: # 321398660 (© altafulla); S. 69: # 1096786322 (© Jenny Sturm); S. 70: # 377083897 (© iravgustin); S. 72: # 322637792 (© Belite); S. 73: # 418506799 (© Erlo Brown); S. 74: # 742554955 (© Alones); S. 76: # 644177908 (© Olga Danylenko); S. 79: # 396815578 (© George Rudy); S. 80: # 475936270 (© PopTika); S. 82: # 437793589 (© pittawut); S. 85: # 258028616 (© nadtytok); S. 86: # 1038075334 (© PopTika); S. 87: # 274497584 (© YAKOBCHUK VIACHESLAV); S. 88: # 202153864 (© Jan Faukner)